PISTAS DE ANIMALES 2

Mis patas son palmeadas y anaranjadas

por Joyce Markovics

Consultor:
Christopher Kuhar, PhD
Director Ejecutivo
Zoológico de la ciudad de
Cleveland, Ohio

BEARPORT
PUBLISHING

New York, New York

Créditos
Cubierta, © Wolfgang Kruck/Shutterstock; 4–5, © Attila JANDI/Shutterstock;
6–7, © Michiel Vaartjes/Minden Pictures; 8–9, © Susan Montgomery/Shutterstock;
10–11, © Matyas Arvai/Shutterstock; 12–13, © Michael Ransburg/Shutterstock;
14–15, © Nature Picture Library/Alamy Stock Photo; 16–17, © Jerry Monkman/
Nature Picture Library; 18–19, © Tim Plowden/Alamy Stock Photo; 20–21, © Tim
Plowden/Alamy Stock Photo; 22, © pchoui/iStock; 23, © Eric Isselee/Shutterstock;
24, © Eric Isselee/Shutterstock.

Editor: Kenn Goin
Director creativo: Spencer Brinker
Diseñadora: Debrah Kaiser
Traductora: Eida Del Risco
Editora de español: Queta Fernandez

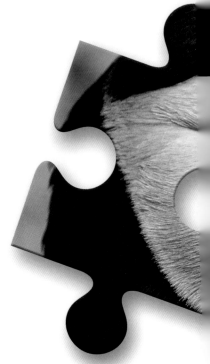

Datos de catalogación de la Biblioteca del Congreso

Names: Markovics, Joyce L. | Kuhar, Christopher.
Title: Mis patas son palmeadas y anaranjadas / by Joyce Markovics ;
    consultor, Christopher Kuhar, PhD, director ejecutivo, Zoologico de los
    Metroparques de Cleveland, Ohio.
Other titles: My feet are webbed and orange. Spanish
Description: New York : Bearport Publishing Company, Inc., 2017. | Series:
    Pistas de animales 2 | In Spanish. | Audience: Age 5–8. | Includes
    bibliographical references and index.
Identifiers: LCCN 2016025580 (print) | LCCN 2016028115 (ebook) | ISBN
    9781944102807 (library) | ISBN 9781944997298 (Ebook)
Subjects: LCSH: Atlantic puffin–Juvenile literature. | Puffins–Juvenile
    literature. | Zoo animals–Juvenile literature.
Classification: LCC QL696.C42 M358518 2017 (print) | LCC QL696.C42 (ebook) |
    DDC 598.3/3–dc23
LC record available at https://lccn.loc.gov/2016025580

Para más información, escriba a Bearport Publishing Company, Inc., 45 West 21st Street, Suite 3B, New York, New York 10010. Impreso en los Estados Unidos de América.

10 9 8 7 6 5 4 3 2 1

Contenido

¿Qué soy? 4

Datos sobre el animal 22

¿Dónde vivo? 23

Índice 24

Lee más. 24

Aprende más en Internet 24

Acerca de la autora. 24

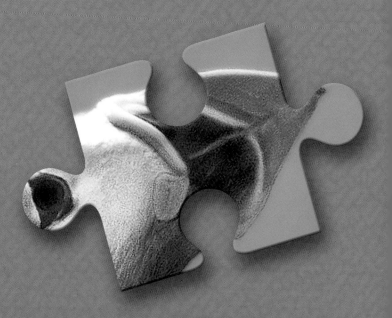

¿Qué soy?

Mira mi pico.

Es grande y colorido.

Tengo dos alas.

Son largas
y de color
negro grisoso.

7

Mi pecho y mi panza son suaves y blancos.

Tengo ojos
pequeños
y redondos.

10

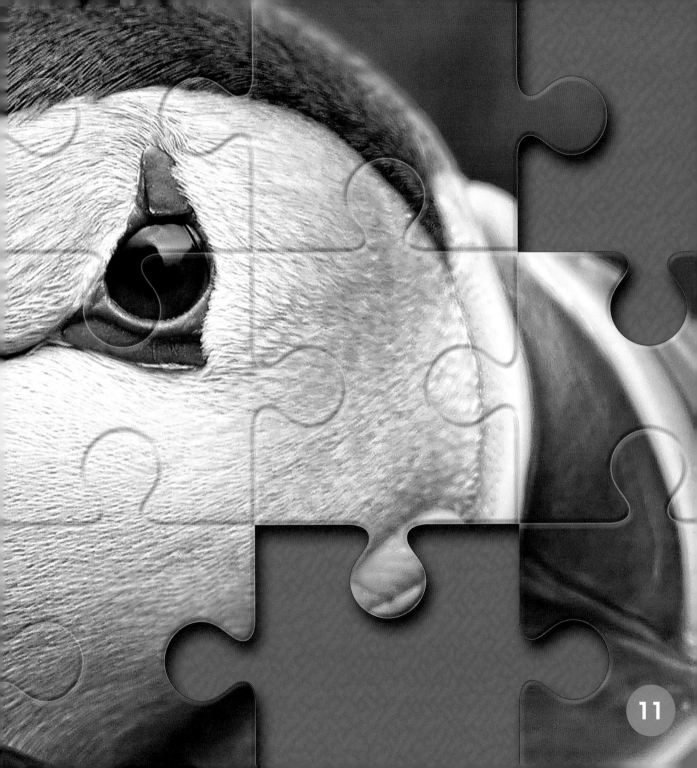

Las plumas de mi
cola son cortas
y negras.

12

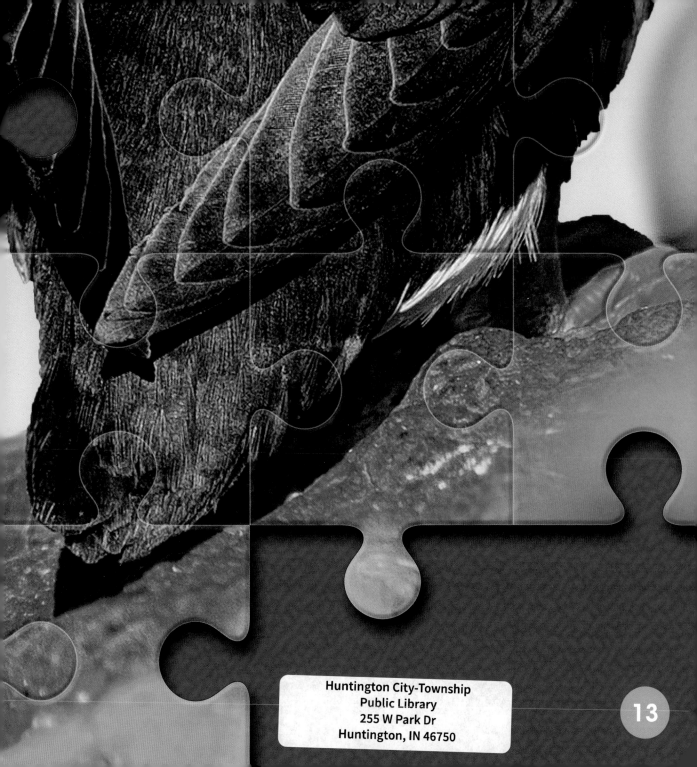

Tengo un cuerpo
pequeño y robusto.

15

Mis patas son palmeadas y anaranjadas.

¿Qué soy?

18

¡Vamos a averiguarlo!

¡Soy un frailecillo atlántico!

20

Datos sobre el animal

Los frailecillos atlánticos son aves que pasan casi toda su vida en el mar. Los frailecillos vuelan muy bien. También pueden sumergirse profundamente, usando sus alas como remos.

Más datos sobre los frailecillos atlánticos

Comida:	Peces pequeños
Tamaño:	Alrededor de 10 pulgadas (25 cm) de alto
Peso:	Alrededor de 17.5 onzas (496 g)
Esperanza de vida:	20 años o más
Dato curioso:	Los frailecillos pueden agitar las alas 400 veces por minuto y volar hasta 55 millas por hora (88.5 kph)

Tamaño de un frailecillo atlántico adulto

¿Dónde vivo?

Los frailecillos atlánticos viven en o cerca de las costas del norte del océano Atlántico.

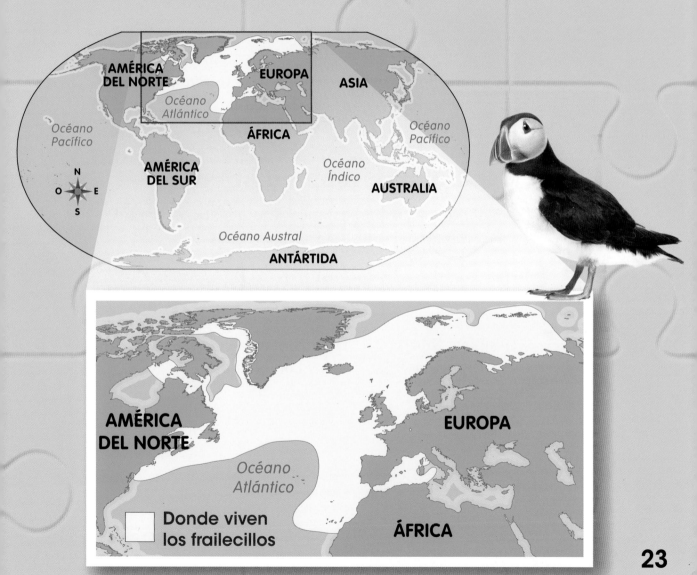

AMÉRICA DEL NORTE

EUROPA

ASIA

Océano Atlántico

ÁFRICA

Océano Pacífico

AMÉRICA DEL SUR

Océano Índico

Océano Pacífico

AUSTRALIA

N O E S

Océano Austral

ANTÁRTIDA

AMÉRICA DEL NORTE

EUROPA

Océano Atlántico

ÁFRICA

Donde viven los frailecillos

Índice

alas 6–7

cola 12–13

cuerpo 14–15

ojos 10–11

panza 8–9

patas 16–17

pecho 8–9

pico 4–5

Lee más

Gibbons, Gail. *The Puffins Are Back!* New York: HarperCollins (1991).

Squire, Ann O. *Puffins (True Books: Animals).* New York: Scholastic (2007).

Aprende más en línea

Para aprender más sobre los frailecillos atlánticos, visita
www.bearportpublishing.com/ZooClues

Acerca de la autora

Joyce Markovics vive en una casa muy vieja en Ossining, Nueva York. Le encantan las criaturas peludas, con aletas y con plumas.